Echi dall'est della Repubblica Democratica del Congo: poesie da una terra di guerra perpetua.

Marien-Edgard Ngbali BEMI

Published by MarBe, 2024.

ECHI DALL'EST DELLA REPUBBLICA DEMOCRATICA DEL CONGO: POESIE DA UNA TERRA DI GUERRA PERPETUA.

First edition. April 8, 2024.

ISBN: 979-8224660285

Written by Marien-Edgard Ngbali BEMI.

Also by Marien-Edgard Ngbali BEMI

Échos de l'Est de la République Démocratique du Congo : Poèmes
d'une Terre en Guerre Perpétuelle.
Ecos do Leste da República Democrática do Congo: Poemas de uma
Terra de Guerra Perpétua.
Echi dall'est della Repubblica Democratica del Congo: poesie da una
terra di guerra perpetua.

Sommario

Echi dall'est della Repubblica Democratica del Congo: poesie da una terra di guerra perpetua.

INDICE DEI CONTENUTI

DEDICA

All'ombra di maestose montagne e di fiumi che attraversano la terra, dedico queste parole a coloro che hanno conosciuto l'indicibile, le cui vite sono state intrecciate nel tumulto del conflitto nella parte orientale della Repubblica Democratica del Congo. Su questa pagina, incidiamo una dedica intrisa di amore, compassione e speranza, un simbolo di solidarietà con le tante vittime di questa guerra implacabile.

A queste donne i cui corpi sono stati teatro di violenze impensabili, con cicatrici invisibili ma profonde, dedico questi versi come offerta di conforto. Possa ogni poesia essere una carezza lenitiva, una dolce melodia per addolcire il dolore e una fiamma di speranza per illuminare la via della guarigione.

Ai bambini, tesori preziosi della nostra umanità, strappati alla loro innocenza e costretti a sopportare il peso delle armi o a lavorare nelle viscere della terra, dedico questi versi come promessa di non dimenticare mai. Che queste poesie siano una boccata d'aria fresca nella loro opprimente realtà, una candela che brilla nell'oscurità, annunciando un futuro in cui ogni bambino possa sognare, crescere e fiorire.

E a lei, dottor Denis Mukwege, instancabile artigiano della riparazione fisica e spirituale, rendo omaggio. Il suo impegno incrollabile per il Ospedale di Panzi risuona come una sinfonia di redenzione. In riconoscimento del suo nobile lavoro, le dedico questa raccolta, umilmente intrisa dello spirito di riparazione e della ricerca della giustizia che animano la sua opera.

Possano queste pagine essere un santuario dove risuonano le voci dei dimenticati, dove le lacrime versate diventano perle di resilienza e dove la speranza, come una fenice, risorge dalle sue ceneri. Che questa dedica sia il preludio di una sinfonia di cambiamento, un'ode alla resistenza e una promessa di non smettere mai di tendere verso un futuro in cui pace, dignità e amore prevarranno.

RINGRAZIAMENTI

A colei che ha tessuto il morbido tessuto del sostegno, la mia musa silenziosa e complice, dedico queste parole intrise di gratitudine. Şirin Akbayır Bemi, luce soffusa nelle ore buie della creazione, sei il tessuto che avvolge i miei pensieri solitari e dà vita alle mie parole.

Nei meandri del mio ufficio, dove le ore si allungano come fiumi infiniti, tu sei il porto dove la mia nave trova rifugio. Il tuo sostegno, come una dolce brezza, dissipa le nuvole del dubbio che a volte oscurano il mio cielo creativo. Sei la musa che danza al ritmo delle mie parole, una danza silenziosa ma infinitamente armoniosa.

Quando i pensieri si agitano nel tumulto della mia mente, tu sei la mano tesa che guida le mie idee verso orizzonti chiari. La tua comprensione compassionevole è lo specchio in cui si riflettono le mie aspirazioni, e il tuo amore è l'inchiostro che dà colore alle mie pagine.

Ogni momento di solitudine, ogni notte in cui sprofondo nell'oscurità della creazione, tu sei lì, nello spirito, nell'anima. Il tuo incoraggiamento suona come una melodia confortante, una sinfonia che accompagna le mie parole e dà vita ai miei sogni.

A te, Şirin, compagna dell'ombra e del giorno, dedico questa pagina di ringraziamento come umile offerta. Che queste parole siano i petali di una rosa, ogni parola un'espressione della mia infinita gratitudine. Grazie per essere la pietra angolare su cui è costruito questo mondo di poesia, grazie per essere l'ispirazione che alimenta la fiamma della mia creatività.

INTRODUZIONE

Benvenuti in un viaggio poetico attraverso le strazianti vicende della Repubblica Democratica del Congo orientale, una regione in cui gli echi di un conflitto perpetuo risuonano in ogni vicolo, in ogni valle e in ogni cuore. "Echi dall'est della Repubblica Democratica del Congo: poesie da una terra di guerra perpetua" è molto più di una raccolta di poesie; è un viaggio emotivo attraverso 13 capitoli, ognuno dei quali rivela un aspetto toccante della complessa realtà di questa terra martoriata.

Nel primo capitolo, "Il dolore del conflitto", i versi si aprono come ferite aperte, esponendo le cicatrici invisibili lasciate da decenni di violenza. La resilienza emerge poi, come una forza incrollabile, in "La resilienza delle anime", dove ogni poesia testimonia la capacità umana di perseverare anche nel mezzo delle prove più oscure.

La natura stessa, un tempo rigogliosa e vibrante, viene esplorata in "La Natura ferita", rivelando le cicatrici della guerra incise nel suolo e nel cielo. "Fragile speranza" cattura l'essenza della vita quotidiana nel mezzo dell'incertezza, mentre la speranza cerca di fiorire nonostante le nubi minacciose.

In "Le voci dei bambini" risuonano risate perdute e canzoni interrotte, creando una sinfonia di innocenza perduta. Mentre "L'uso della violenza sessuale come metodo di guerra e come strategia del terrore" esplora le ombre strazianti di una realtà troppo spesso relegata nell'ombra.

Questa raccolta trascende i confini della poesia convenzionale, addentrandosi in complessi temi sociali e politici, offrendo al contempo un barlume di speranza attraverso "La ricerca della pace" e "Luce nel buio". "Il paradosso della RDC : ricca e povera" conclude questo viaggio, rivelando le contraddizioni di una terra di abbondanti ricchezze e infiniti dolori.

Ogni capitolo è una tela accuratamente tessuta, ogni poesia una sfumatura nella tavolozza emotiva di questa terra sofferente. Preparatevi a essere travolti da una sinfonia di parole, dove ogni verso risuona come un'eco profonda, invitando il lettore a sentire, a capire e soprattutto ad agire. Benvenuti in un mondo in cui la poesia diventa il grido silenzioso di una comunità dimenticata, dove ogni parola porta il peso della verità e della speranza.

1. Il dolore del conflitto

Echi di dolore

In lontananza risuonano echi di dolore,
Sotto un cielo livido, la terra geme in lacrime.
Le lacrime degli alberi bagnano la terra sfregiata,
Testimoni muti di una guerra che non ha fine.
Le grida dei bambini si perdono nel vento,
Le loro risate sono soffocate dal tumulto demenziale.
Gli occhi delle madri scoppiano di angoscia,
Le storie di vita sono scritte sulla pagina scarlatta.
Soldati persi in un campo di desolazione,
Le loro anime sono state frantumate da questo raccolto crudele.
Ferite invisibili sanguinano in silenzio,
Il dolore del conflitto, una prova oscura.
Gli uccelli non cantano più, il cielo è cupo,
Il paesaggio si trasforma in un triste quadro di prosa.
I fiumi portano il peso di segreti non detti,
Le onde sussurrano storie di giorni passati.
Cosa rimane quando la pace si eclissa?
Quando il dolore del conflitto si eclissa?
Una timida speranza negli occhi dei sopravvissuti,
Il canto delle anime, una struggente melodia.

Frammenti di dolore

Nel cuore della notte, l'oscurità si rivela,
Esplosioni di dolore, ferite che gocciolano.
Grida soffocate da muri cicatrizzati,
Il conflitto persiste, crudele e insensato.
Le strade risuonano di passi incerti,
Le ombre dei passanti, testimoni del dolore.
Edifici strappati, sagome mutilate,
Portano le cicatrici di vite cancellate.
Lacrime di vedove, perle di ingiustizia,
Che gocciolano lentamente, con la loro scia di tragedia.
Sogni strappati, come pagine bruciate,
Il dolore del conflitto, una poesia trascurata.
Nel silenzio, gli echi della sofferenza
Risuonano in armonia con la decadenza.
I cieli, testimoni impassibili di questo dramma,
Portano il peso di un'umanità che piange.
Gli uccelli, messaggeri di un'epoca passata,
Cantano melodie di eccedenza.
Le frontiere del dolore si estendono all'infinito,
Il dolore del conflitto, un barlume di oblio.
Sotto il peso delle stelle, il mondo geme,
Profonde cicatrici, l'anima si ritira.
Oltre le parole, un lamento universale,
Il dolore del conflitto, un'eco eterna.

Campi di dolore

Sotto il cielo grigio, campi di dolore,
Dove si mescolano grida, lacrime e ore.
La terra, testimone silenziosa di battaglie insensate,

Porta nel suo petto il peso di vite cancellate.

Cuori feriti, anime in disordine,

Il conflitto persiste, implacabile.

Le ombre dei soldati danzano sul terreno,

Le loro sagome sono l'eco di un oscuro svelamento.

Le colline risuonano di echi del passato,

Storie di uomini e donne soli.

I fiumi sussurrano segreti non condivisi,

Ricordi che galleggiano come vele consumate.

Le rovine testimoniano un altro tempo,

Quando la pace regnava, dolce come la primavera.

Le cicatrici sugli edifici raccontano la storia,

Il dolore del conflitto, una ferita nota.

I canti degli uccelli, melodie sommesse,

Il lutto di una terra in declino.

I bambini giocano tra le macerie,

Le loro risate soffocate brillano nell'ombra.

In questo quadro cupo, un guizzo di luce,

Una fragile speranza in ogni occhio.

Il dolore del conflitto, una poesia sconvolta,

In queste terre martoriate, l'amore attende.

Riflessi di agonia

Sotto il cielo spento, il dolore prende forma,

Riflessi di agonia, ombre in rovina.

Le montagne portano profonde cicatrici,

Cicatrici di un passato in cui l'orrore abbonda.

I soldati sono esausti, segnati dalla battaglia,

I loro sguardi vuoti sono un triste epitaffio.

Le stelle, testimoni silenziose di questa tragedia,

Scintillano nella notte, guardiane dell'infinito.
Le strade strette sussurrano echi,
Ricordi strazianti, grida nel caos.
Le grida delle vedove risuonano come un lamento,
Il dolore del conflitto, una melodia tintinnante.
I campi, un tempo fertili e vibranti,
Ora portano il peso dello strazio.
I fiori appassiti danzano nel vento,
Il loro profumo è un tormentato addio.
I bambini disegnano su pagine sporche,
I loro sogni, miraggi in una realtà sfilacciata.
Il dolore del conflitto, un arazzo strappato,
Promesse infrante, come onde perdute.
Nel cuore dell'oscurità, una luce tremolante,
La speranza si aggrappa come una fragile foglia.
Il dolore del conflitto, una poesia senza rima,
In queste terre devastate, un abbraccio sublime.

Raffiche di speranza

Sotto il peso del silenzio, il dolore si diffonde,
Frammenti di agonia, grida sospese nel vento.
I fiumi, testimoni delle lacrime delle stelle,
Cantano una triste ballata attraverso terre ostili.
Gli alberi spogli, sentinelle del dolore,
I loro rami si piegano sotto il peso del destino.
Le cicatrici sul terreno, segni indelebili,
Il dolore del conflitto, una poesia indicibile.
Case abbandonate, eco di un altro tempo,
I muri portano le storie di giorni divoranti.
Volti segnati da notti insonni,

Le cicatrici della guerra, pagine di lutto.
Fragili barlumi negli occhi dei bambini,
scintille di speranza, una danza immobile.
Il dolore del conflitto, un'ombra che svanisce,
Davanti alla forza dei cuori, una luce fugace.
Le stelle, frammenti di un cielo rasserenante,
Scintillano sopra, testimoni benevoli.
Il canto degli uccelli, una sinfonia confortante,
Il dolore del conflitto, una melodia tremolante.
Nel vuoto della notte, un abbraccio di unità,
Anime che risorgono, sfidando le probabilità.
Il dolore del conflitto, un capitolo passato,
I sogni rinascono, un'alba individuale.

2. La resilienza delle anime

La rinascita delle anime

Sotto il peso di cieli tormentati,
Le anime emergono, le vite si reinventano.
Cicatrici profonde, ma cuori in piedi,
La resilienza tesse il suo filo, morbido come un sussurro.
Nel profondo delle ferite, il barlume di un sorriso,
Le anime risorgono, rifiutando di lasciarsi distruggere.
Le ombre del passato svaniscono lentamente,
La luce della resilienza illumina ogni momento.
I campi di rovina diventano terreno fertile,
I sogni si librano come fenici.
I volti segnati dalle tempeste del passato,
Indossano l'orgoglio di una meritata rinascita.
I muri che un tempo testimoniavano il dolore
Si trasformano in affreschi di vita restaurata.
I fiumi, simbolo dello scorrere del tempo,
Cantano le lodi delle anime che si ergono alte nonostante il tormento.
Nel silenzio risuona una sinfonia di resistenza,
Le stelle applaudono questa sublime rinascita.
Il dolore del passato, una tela su cui dipingere,
I colori della resilienza, un inno ad abbracciare la speranza.
E così le anime fioriscono, come un giardino in fiore,
La loro forza, una vibrante testimonianza di una bella redenzione.
La resilienza, una stella cadente nella notte,

Che guida le anime verso un futuro infinitamente più ricco.

Schegge di speranza

Nel mezzo del tumulto, all'ombra del dolore,
Le anime si aprono a barlumi di felicità.
Soldati della vita quotidiana, contro ogni probabilità,
La resilienza guida il loro destino, nonostante le tempeste del passato.
I loro occhi consumati dal peso della battaglia,
Indossano la saggezza di una volontà splendente.
Nelle trincee della disperazione, spunta un fiore,
Una resilienza perenne, come un'esplosione di calore.
Mani che un tempo tenevano armi, oggi le forgiano,
Ponti tra cuori, sogni che sbocciano.
Le ferite del passato, cicatrici orgogliose,
La resilienza, una forza che supera i confini.
Le rovine di ieri diventano solide fondamenta,
Sogni ricostruiti, vite senza paura.
Le stelle applaudono queste anime valorose,
La resilienza, un'epopea eterna, una storia vibrante.
Attraverso la guerra, le avversità e la notte,
Emergono esplosioni di speranza e anime sorridenti.
Resilienza, una melodia nel silenzio,
Che racconta la vittoria delle anime sulla sofferenza.

Rinascere nella cenere

Nella cenere emergono le anime,
fenici rinate, vite in canto.
Nonostante l'agitazione, la guerra, il tumulto,
La resilienza danza, una squisita melodia.

Gli occhi, testimoni di notti senza stelle,
Indossano il bagliore di una luce che rivela.
Sguardi appesantiti da ricordi sbiaditi,
La resilienza scolpisce un futuro di pace.
Mani che hanno conosciuto la freddezza dell'acciaio,
Ora intrecciano storie, legami sacri.
Le cicatrici, pagine di un libro, recitano,
Resilienza, una sinfonia dove i cuori meditano.
Le case distrutte, frammenti del passato,
Ricostruite con amore, forza ritrovata.
Sogni dispersi, stelle disunite,
La resilienza li riunisce, una costellazione infinita.
Sui sentieri della rinascita riecheggiano i passi,
Scoppi di speranza, orizzonti che tremano.
Il dolore del conflitto, un prologo dimenticato,
Resilienza, una storia in cui si forgia il futuro.

Frammenti di speranza

Sotto le stelle che portano il peso del dolore,
Le anime si alzano, la resilienza schiumeggia.
I guerrieri dell'ombra, frammenti di speranza,
Nei loro occhi brilla la promessa di rinascita.
Le lacrime delle notti angosciose, perle salate,
Si asciugano al mattino, lasciando tracce che sono state cancellate.
I cuori pesanti diventano fortezze,
La resilienza, l'architetto di una vita gioiosa.
In mezzo alle macerie, i sogni rinascono,
Le fondamenta del futuro, promesse che accarezziamo.
Mani che hanno portato fardelli troppo pesanti,
Tessono dolci orizzonti.

Le sagome dei passanti, ombre danzanti,
Un balletto di redenzione, un valzer che avanza.
Il dolore inciso su fronti ancora giovani,
La resilienza scolpisce sorrisi nella nebbia.
Il canto degli uccelli, una sinfonia di speranza,
La melodia della resilienza, un'eco da ascoltare.
Attraverso le prove, storie da riscrivere,
Anime aperte al futuro, da ricostruire.
Nella notte buia, una luce persiste,
La resilienza, un fuoco che non si spegne mai.
Cicatrici, segni orgogliosi sulla pelle,
Vite che sbocciano di nuovo, esplosioni di rinnovamento.

Verso la luce

Nel cuore delle tenebre, le anime si sollevano,
Ombre forgiate nell'incudine dell'angoscia.
La guerra ha infuriato, ma non ha cancellato
Il bagliore interiore che si rifiuta di piegarsi.
Negli occhi, lampi di una stella risoluta,
Le cicatrici del passato, segni che parlano in modo crudo.
Strade devastate, sentieri da ricostruire,
La resilienza, una bussola per il futuro.
Mani che hanno conosciuto il freddo delle catene,
Ora aprono porte, aboliscono dolori.
Cuori che hanno battuto al ritmo della battaglia,
Ora risuonano all'unisono con un nuovo passo.
Ricordi di orrore, sogni sgretolati,
Sono echi lontani nella notte calma.
Le finestre dell'anima si aprono sulla chiarezza,
La resilienza, una stella che guida il destino.

Fiumi di lacrime diventano torrenti di speranza,
I bambini, un tempo silenziosi, ricominciano a ridere.
Il dolore del passato, una tela da strappare,
La resilienza una poesia vivente da scrivere.
Verso la luce, le anime avanzano con fede,
Raccogliendo i frammenti di un nuovo inizio, una gioia.
La guerra ha lasciato cicatrici, ma anche lezioni,
La resilienza, una sinfonia di rinascita.

3. Natura ferita

Echi silenziosi

Sotto il cielo ferito, la natura piange in silenzio,
Echi silenziosi, grida nell'immensa ombra.
Alberi spogli, muti testimoni del conflitto,
Le loro foglie spazzate via dai venti, un ultimo racconto.
I fiumi, un tempo limpidi, sussurrano lamenti,
Carichi di segreti, di dolore ora abbracciato.
I pesci, un tempo ballerini in acque limpide,
Ora nuotano in lacrime dal sapore acido.
Le colline, un tempo ornate di verde,
Ora sono distese di disagi.
I campi di battaglia hanno soffocato i prati,
La biodiversità, una sinfonia muta.
Nel cielo, gli uccelli hanno perso il loro canto,
Le loro ali sfiorano cieli tinti di tormento.
Le grida degli animali, eco di una vita scomparsa,
La natura ferita, una ferita che non possiamo nascondere.
I fiori, petali appassiti sotto gli stivali della guerra,
I loro profumi si perdono nei venti della miseria.
Paesaggi strappati, una tela in disordine,
La guerra ha lasciato il suo segno, la sua triste eco.
In mezzo a questa desolazione, una richiesta di riparazione,
Per curare le ferite della natura, un bisogno di ispirazione.
Che gli echi silenziosi diventino una sinfonia,

Che la natura ferita ritrovi la sua armonia.

Schiuma di desolazione

Sotto il velo scuro delle nuvole di guerra,
La natura piange, il suo dolore è un mare.
Gli alberi, un tempo fieri, si piegano sotto il peso del dolore,
I loro rami spogli, piangono al mattino.
Le montagne, sentinelle della tranquillità,
Ora portano stigmate, ferite ruvide.
Gli echi dei fiumi, un lamento perduto,
Le onde della desolazione si allungano, eterne e nude.
I campi, un tempo tappeti di colori vivaci,
Si sono trasformati in tele dove la tristezza va alla deriva.
La biodiversità, gioiello della vita armoniosa,
Svanisce silenziosamente, come una luce fioca.
Nel cielo, gli uccelli cercano cieli liberi,
I loro canti sono smorzati da cieli di liberazione.
Gli animali, un tempo guardiani dell'equilibrio
Ora vagano in terre senza costrutto.
Le stelle guardano, mute e impotenti,
La terra devastata, una rete persistente di agonia.
Cosa rimane dello splendore di un mondo dimenticato?
Natura ferita, un'opera il cui titolo è da piangere.
Sotto questa schiuma di desolazione, una promessa,
Che i giorni a venire siano pieni di saggezza.
Che la natura ferita, per mano dell'umanità,
Riacquistare il suo splendore, la sua dignità.

Sinfonia spezzata

Sotto il tumulto dei cannoni, la natura tace,
Una sinfonia spezzata, note ripetute di lutto.
Gli alberi, un tempo danzanti al ritmo del vento,
ora si piegano sotto il peso del tormento.
Le valli, improntate a una tranquillità dimenticata,
Prima delle devastazioni, una bellezza sacrificata.
I fiumi, testimoni di lacrime e grida,
Le loro acque portano dolore, eco infinita.
Campi di battaglia, tele scarlatte,
La biodiversità svanisce, una tragedia palpabile.
Fiori, petali appassiti da venti plumbei,
La terra sanguina di colore, un Eden che soccombe.
Uccelli, messaggeri della natura in difficoltà,
I loro canti sono smorzati dalla rabbia dell'aggressione.
Gli animali, un tempo re della natura selvaggia,
Ora vagano in deserti senza scintille.
Sotto il cielo distrutto, la natura piange in silenzio,
La sua voce è soffocata dalla guerra, una sentenza crudele.
Cosa rimane di questa sinfonia incantata?
Una natura ferita, uno spartito strappato.
Oltre le cicatrici, emerge una timida speranza,
Che la natura possa ritrovare il suo canto sacro.
Che l'umanità, consapevole della sua responsabilità,
Guarirà questa ferita e ripristinerà la bellezza.

Lamentazioni verdoyantes

La natura singhiozza sotto il cielo squarciato,
Gli alberi sradicati, il loro bagliore emanato.
Le montagne, testimoni silenziose del disastro,

Portano cicatrici, rughe di tristezza.
I fiumi, un tempo carezze cristalline,
Ora scorrono in letti di sofferenza.
Le loro onde sono cariche di ricordi assassini,
Le onde portano l'eco della natura in difficoltà.
Le valli, un tempo culla della biodiversità,
Tacciono davanti all'eco di una guerra insensata.
I canti degli uccelli, un tempo sinfonia di armonia,
Sono caduti nel silenzio, attutiti dalla disarmonia.
I campi, tappeti di fiori spenti,
Gli animali vagano, anime in lamento.
La natura è ferita, un'opera in riparazione,
Le lacrime della Terra, perle di disprezzo.
Le stelle, luci notturne in una notte ferita,
Contemplano un mondo la cui bellezza è fuggita.
Cosa rimane del bagliore dei mattini dorati?
La natura ferita, un'immagine desolata.
In questa tragedia ecologica, una voce risuona,
La richiesta di riparazione, di ripristino della natura.
Che l'umanità, custode di questa terra martoriata,
Si unisca per curare le ferite e restituirle la vita.

Requiem della Terra

Sotto il velo della notte, la natura piange,
Stelle oscurate, echi di dolore.
Le foreste, antichi templi della biodiversità,
Languono sotto il peso di una guerra spietata.
Le valli, un tempo giardini di vita fiorente,
Ora piangono la perdita della natura.
I fiumi, lacrime della terra, sussurrano il loro addio,

Le loro onde portano l'eco di destini infelici.
I cieli, testimoni della distruzione scatenata,
Osservano impotenti le scene di desolazione.
I campi di battaglia, tele di una pittura cupa,
La biodiversità piange, un'epopea di sconforto.
Gli uccelli, un tempo melodiosi, hanno perso il loro canto,
Gli animali vagano per terre spente.
La natura ferita, una poesia i cui versi si spezzano,
Le lacrime della Terra, una sinfonia lamentosa.
Che risuoni questo requiem per la vita spenta,
Che l'umanità ascolti, che il suo cuore si spenga.
Nelle ceneri della natura, persiste un barlume,
Un richiamo alla redenzione, alla terra che assistiamo.

4. Fragile speranza

Frammenti di alba

Sotto l'oscuro baldacchino, appaiono sprazzi di alba,
Timidi barlumi di speranza.
Nel cuore delle tenebre, un sottile abbraccio,
Le stelle si inchinano a questo abile bagliore.
Mani che si intrecciano nella notte lacerata,
Scintille di speranza, promesse da seminare.
Cuori uniti, nonostante le ferite del tempo,
Tessendo legami solidi, emergono arcobaleni.
Scorci di calore negli sguardi scambiati,
Echi di compassione, un dolce fervore.
Nel mezzo della tragedia, una solidarietà emergente,
Mani tese, sussurri rassicuranti.
Sorrisi, delicati petali nella notte buia,
Frammenti di umanità, dolcezza che oscura le ombre.
Abbracci, rimedi all'angoscia,
Momenti di luce nell'oscurità incalzante.
Che questi lampi di alba, come perle di rugiada,
Illuminare la speranza in ogni futuro abbracciato.
Nell'oscurità, una fragile sinfonia,
Dove l'umanità compone una docile ballata.

Riflessi di speranza

Nel profondo della notte, riflessi di speranza,
Stelle timide, gentile benevolenza.
I cieli, testimoni di una tragedia persistente,
Scintillano, offrendo scorci di pace.
Mani che si cercano nel buio fitto,
Frammenti di speranza, una rete di resilienza.
Spalle tese, fardelli condivisi,
Frammenti di solidarietà, legami forgiati.
Lacrime che si mescolano, gocce di fratellanza,
Frammenti di compassione, una pioggia di generosità.
Sguardi che si incontrano nel silenzio pesante,
Scoppi d'amore, ponti sull'abisso dei discorsi.
Sorrisi, petali nella notte opprimente,
Frammenti di umanità, una resistenza gentile.
Abbracci, rimedi all'angoscia,
Esplosioni di calore nell'oscurità fredda e pressante.
Riflessi di speranza, come stelle cadenti,
Illuminano l'oscurità di ogni destino meritevole.
In ogni sofferenza, una fragile scintilla,
dove la speranza sboccia, tenue come un'ombra fugace.

Stelle effimere

Sotto il manto scuro della notte eterna,
Stelle effimere, bagliori di speranza ribelle.
Nel cuore delle tenebre, fragili costellazioni,
Frammenti di sogni, stelle in esilio.
Mani che si tendono nell'oscurità senza fine,
Frammenti di aiuto reciproco, sottili fili d'amore.
Spalle che portano il peso del destino,

Frammenti di solidarietà, pilastri di raso.
Lacrime che si intrecciano, perle di umanità,
Frammenti di compassione, una pioggia di generosità.
Scorci dello stesso orizzonte,
Frammenti di unità, barlumi della stessa passione.
Sorrisi, lampi di luce nella nebbia,
Stelle cadenti, momenti in cui l'anima si illumina.
Abbracci, rimedi all'angoscia,
Esplosioni di calore nell'oscurità fredda e pressante.
Che queste stelle effimere, come diamanti,
Illuminare i cieli bui di ogni momento.
Nell'oscurità, una fragile sinfonia,
Dove la speranza danza, leggera come una docile piuma.

Frammenti di luce

Frammenti di luce nella notte profonda,
Stelle nascenti, perle effimere.
Nel cuore delle tenebre, un timido barlume,
Sogni scintillanti, promesse inscritte.
Mani che si uniscono nell'ombra densa,
Frammenti di solidarietà, una dolce risonanza.
Cuori aperti nonostante il peso del silenzio,
Esplosioni di compassione, una presenza delicata.
Lacrime che si bagnano, riflessi di un dolore condiviso,
Frammenti di fratellanza, una pioggia di umanità.
Sguardi che si incontrano nella notte profonda,
Esplosioni di sostegno, stelle che abbondano.
Sorrisi, arcobaleni nell'oscurità,
Frammenti di tenerezza, colori in mezzo alle disgrazie.
Abbracci, rimedi all'angoscia,

esplosioni di calore nell'oscurità fredda e pressante.
Che questi lampi di luce, come stelle cadenti,
Illuminino l'oscurità di ogni destino meritevole.
In ogni tristezza, una fragile scintilla,
Dove la speranza persiste, come una brezza leggera.

Canto dell'alba

Sotto il manto della notte, un'alba a lungo attesa,
Le stelle svaniscono, altre nascono nell'angoscia.
Nel cuore delle tenebre, un bagliore sospeso,
Un canto dell'alba, promesse rivelate nude.
Mani strette in ombre delicate,
Frammenti d'amore, nastri infinitamente intrecciati.
Spalle tese in un dolore condiviso,
Frammenti di solidarietà, pilastri di forza.
Lacrime perse nel mare della tristezza,
Frammenti di compassione, onde di tenerezza.
Sguardi che si incontrano nella penombra,
Frammenti di umanità, scintille senza ombra.
Sorrisi, esplosioni di luce nel crepuscolo,
Frammenti di speranza, raggi di una piccola alba.
Abbracci, rimedi all'angoscia,
Esplosioni di calore nel buio freddo e incalzante.
Che questo canto dell'alba, come una melodia celeste,
illuminare le anime, guarire ogni gesto.
Nell'oscurità, una fragile sinfonia,
dove la speranza sussurra, morbida come una docile piuma.

5. Testimonianze silenziose

Echi di silenzio

Nelle ombre discrete, testimonianze senza voce,
I silenzi parlano, storie a cui non crediamo.
I cuori riecheggiano, le vite cancellate,
Testimonianze silenziose nella notte che brucia.
Mani tremanti raccontano la storia,
Cicatrici profonde, ombre senza memoria.
Occhi che riflettono tormenti sepolti,
Testimonianze silenziose, grida nel freddo.
Passi pesanti su sentieri dimenticati,
Impronte cancellate da venti tormentati.
Sussurri soffocati da muri di dolore,
Testimonianze silenziose, echi senza luce.
Sorrisi sbiaditi, petali nella nebbia,
Sogni ovattati, vite che si illuminano.
Voci perse nel tumulto del tempo,
Testimonianze silenziose, canti nel vuoto.
Che questi echi di silenzio risuonino nell'aria,
Che le testimonianze dimenticate possano finalmente essere ascoltate.
In ogni silenzio, una fragile verità,
Storie incise, testimonianze che rivelano.

Lacrime innocenti

Sotto il peso del silenzio, le testimonianze svaniscono,
Vite dimenticate, echi nello spazio.
Mani innocenti che cercano l'oblio,
Testimonianze silenziose, destini feriti.
Occhi di bambini, finestre sull'innocenza,
Lacrime silenziose, esplosioni di trasparenza.
Risate soffocate da muri di dolore,
Testimonianze silenziose, grida nel torpore.
Passi leggeri su sentieri di abbandono,
ricordi sbiaditi, impronte senza nome.
Voci soffocate da venti di tristezza,
Testimonianze silenziose, echi di angoscia.
Sorrisi congelati su volti troppo giovani,
Speranze svanite, sogni svaniti.
Sussurri dimenticati nel tumulto del tempo,
Testimonianze silenziose, canti nel vuoto.
Che queste lacrime di innocenza risveglino l'indifferenza,
Che le testimonianze dimenticate possano trovare la loro risonanza.
In ogni silenzio, una fragile verità,
Storie incise, testimonianze che rivelano.

Echi dimenticati

Sotto l'ombra persistente, echi dimenticati,
Testimonianze silenziose, grida soffocate.
Mani callose che portano il peso dell'oblio,
Vite cancellate, storie raccontate nella notte infinita.
Occhi che raccontano storie senza parole,
Sguardi spenti, dolore scomparso.
Cicatrici silenziose incise nella carne,

Testimonianze silenziose, dolore da mettere a tacere.
Passi esitanti su sentieri sbiaditi,
Ricordi perduti, tracce cancellate.
Sussurri soffocati dal vento della solitudine,
Testimonianze silenziose, echi di certezza.
Timidi sorrisi su volti stanchi,
Speranze erose, sogni naufragati.
Voci soffocate da muri di indifferenza,
Testimonianze silenziose, esplosioni di risonanza.
Che questi echi dimenticati risveglino la memoria,
Che queste testimonianze possano riscoprire la loro storia.
In ogni silenzio, una fragile verità,
Storie incise, testimonianze che rivelano.

Frammenti di assenza

Nel silenzio assordante, testimonianze silenziose,
Frammenti di assenza, vite senza riflessi.
Mani che cercano conforto nell'ombra,
Testimonianze silenziose, echi di rimorsi.
Occhi spenti, finestre su orizzonti scomparsi,
Lacrime trattenute, ricordi sepolti.
Sguardi che attraversano le ombre del loro passato,
Testimonianze silenziose, storie superate.
Passi leggeri su sentieri dimenticati,
Impronte cancellate da venti di preoccupazione.
Voci perse nell'immensità del silenzio,
Testimonianze silenziose, mormorii in assenza.
Sorrisi sbiaditi su volti stanchi,
Speranze che svaniscono, sogni che affondano.
Abbracci, rimedi alla solitudine,

Testimonianze silenziose, esplosioni di ansia.
Che queste esplosioni di assenza risuonino in mezzo all'indifferenza,
Che le testimonianze dimenticate trovino la loro ricompensa.
In ogni silenzio, una fragile verità,
Storie incise, testimonianze che rivelano.

Frammenti di eternità

Sotto il velo del silenzio, testimonianze di eternità,
Frammenti di anime, racconti clandestini.
Mani tremanti che portano il peso della storia,
Vite cancellate, testimonianze senza gloria.
Occhi che portano cicatrici indelebili,
Sguardi che raccontano un dolore indicibile.
Stelle spente nel cielo della loro memoria,
Testimonianze silenziose, echi di speranza.
Passi esitanti su sentieri dimenticati,
Impronte d'amore nascoste nell'ombra.
Sussurri soffocati da venti di incomprensione,
Testimonianze silenziose, parole trattenute.
Sorrisi persi su volti stanchi,
Barlumi di umanità in un mondo disilluso.
Abbracci, rimedi alla solitudine infinita,
Testimonianze silenziose, esplosioni di vita.
Che queste schegge di eternità risuonino nel vuoto,
Che le testimonianze dimenticate trovino un nuovo slancio.
In ogni silenzio, una fragile verità,
Storie incise, testimonianze che rivelano.

6. La ricerca della pace

L'armonia dell'alba

Nel profondo del cuore umano, un'ardente ricerca,
Un'aspirazione universale, l'essenza di una pace nascente.
I raggi dell'alba danzano sui sogni,
La ricerca della pace, un dolce sussurro che si leva.
Le montagne sono sentinelle della speranza,
Dal cielo alla terra, una sinfonia senza dolore.
I fiumi sussurrano canti di unità,
La ricerca della pace, un flusso che libera la mente.
Mani che si tendono, ponti su abissi,
Abbracci che guariscono cicatrici intime.
Sguardi scambiati, finestre sulla fratellanza,
La ricerca della pace, una tela tessuta di serenità.
Gli alberi allargano i loro rami in un gesto di gioia,
Le foglie di ulivo danzano, simbolo di tenerezza.
Gli uccelli, messaggeri di tranquillità,
La ricerca della pace, una melodia in quota.
Che l'armonia dell'alba guidi i nostri passi,
Che la ricerca della pace sia la nostra bussola.
In ogni atto, in ogni parola, un saggio barlume,
La ricerca della pace, un'eredità per ogni epoca.

Eclissi di equilibrio

Oltre gli orizzonti, una ricerca infinita,
L'anima anela alla pace, un sogno che cresce.
Frammenti di equilibrio nel tumulto del mondo,
La ricerca della pace, un vessillo che si sventola.
Le montagne, testimoni di una storia turbolenta,
Vette da scalare per far brillare la pace.
Le valli, cavità da riempire di armonia,
La ricerca della pace, un sussurro nell'infinito.
Unire le mani, una sinfonia di solidarietà,
Alleanze forgiate per una pace condivisa.
Occhi che convergono verso l'orizzonte sereno,
La ricerca della pace, un viaggio senza fine.
Fiumi serpeggianti, guide per la ricerca interiore,
Flussi di empatia per una pace salvifica.
Gli alberi testimoniano patti intessuti nel silenzio,
La ricerca della pace, una danza nell'esistenza.
Che queste schegge di equilibrio risuonino come un'eco,
Che la ricerca della pace sia un giuramento eterno.
In ogni battito del cuore, una saggia promessa,
La ricerca della pace, una stella su ogni riva.

Canto di serenità

Nell'immenso silenzio, la ricerca prende forma,
Un richiamo universale, la pace in cammino.
Echi di serenità attraversano l'orizzonte,
La ricerca della pace, una sinfonia che si scioglie.
Le montagne sono coronate da un manto di chiarezza,
Cime da scalare per raggiungere l'unità.
Le valli, crogioli di comprensione,

La ricerca della pace, un soffio di elevazione.
Mani che si aprono, ponti verso l'ignoto,
Gesti che creano legami di benvenuto.
Occhi che convergono verso la stessa meta,
La ricerca della pace, una stella nel flusso.
Fiumi che mormorano melodie di armonia,
Flussi di comprensione che vanno oltre le loro sponde.
Gli alberi stendono i loro rami in preghiera,
La ricerca della pace, una danza leggera.
Che questo canto di serenità risuoni in noi,
Che la ricerca della pace sia un voto in ginocchio.
In ogni momento, in ogni pensiero saggio,
La ricerca della pace, un viaggio senza età.

Un barlume di speranza

Nel firmamento del cuore, una ricerca infinita,
L'aspirazione universale, una pace che sta sorgendo.
Frammenti di umanità attraversano le tenebre,
La ricerca della pace, un barlume nell'ombra.
Le montagne, sentinelle della grandezza,
Vette da raggiungere per la pace interiore.
Le valli, cavità da riempire con la fratellanza,
La ricerca della pace, una promessa di chiarezza.
Mani tese, gesti di alleanza,
Abbracci che creano la forza della fiducia.
Occhi che convergono verso un orizzonte sereno,
La ricerca della pace, una stella nel balsamo.
Fiumi che mormorano canzoni di perdono,
Flussi di accettazione per una pace che si scioglie.
Gli alberi testimoniano promesse nel silenzio,

La ricerca della pace, una danza di benevolenza.
Che questo barlume di speranza guidi i nostri passi,
Che la ricerca della pace sia la nostra bussola eterna.
In ogni battito, una nota di saggezza,
La ricerca della pace, una melodia di finezza.

Odissea dell'armonia

Nel mezzo dell'infinito, una ricerca in movimento,
L'odissea universale, la pace in risonanza.
Frammenti di armonia nel firmamento del destino,
La ricerca della pace, una luce che si spegne.
Montagne che si innalzano, bastioni di fratellanza,
Cime da scalare per una chiarezza eterna.
Le valli, vuoti da riempire con la solidarietà,
La ricerca della pace, una promessa di beatitudine.
Mani che si incontrano, incroci di speranza,
Abbracci che superano la paura del buio.
Occhi che convergono verso orizzonti sereni,
La ricerca della pace, un viaggio senza fine.
Fiumi che cantano inni di unità,
Flussi di comprensione per una pace cantata.
Alberi, custodi di promesse silenziose,
La ricerca della pace, una danza preziosa.
Che questa odissea di armonia possa guidare i nostri sogni,
Che la ricerca della pace risuoni come un'eco.
In ogni scintilla di vita, una stella saggia,
La ricerca della pace, un'eterna odissea condivisa.

7. Amore in trincea

L'amore nella tempesta

Nelle trincee, dove il tuono rimbomba,
Frammenti d'amore, un bagliore che abbonda.
Nel cuore della tempesta, legami che resistono,
L'amore, una fiamma che persiste nell'oscurità.
Parole dolci, come petali nel vento,
Promesse sussurrate, giuramenti in movimento.
Sguardi, stelle nella notte crudele,
L'amore, una bussola nell'oscurità ribelle.
Mani che si cercano in mezzo al caos,
Abbracci che sfidano il destino cupo.
Scoppi di risa, echi nella guerra,
L'amore, una dolce melodia in mezzo all'inferno.
Lettere d'amore, tesori nelle nostre mani,
Parole intessute di speranza, frammenti di raso.
Ricordi condivisi, perle nel fango,
L'amore, un'oasi in mezzo al deserto dei giochi.
Che questi frammenti d'amore siano stelle cadenti,
Che l'amore in trincea rimanga una fiamma viva.
In ogni battito di cuore, una saggia resistenza,
L'amore, una forza che sfida la storia e la oltraggia.

Melodia dell'amore sotto il fuoco

Sotto il crepitio delle armi, una melodia discreta,

L'amore, una sinfonia resistente, una dolce conquista.

Nel cuore delle trincee, giuramenti sussurrati,

Scoppi d'amore, note nell'oscurità.

Abbracci furtivi, un balletto nella polvere,

Sussurri ardenti, promesse al contrario.

Sguardi di complicità, stelle nel firmamento,

L'amore, una costante nonostante la tempesta.

Lettere d'amore, tesori nascosti sotto l'uniforme,

Parole come carezze, un abbraccio confortante.

Ricordi incisi, gioielli nel caos,

L'amore, un barlume anche quando tutto sembra essere triste.

Immagini di una persona cara, una luce in mezzo al tumulto,

Immagini incise, frammenti d'amore che durano nel tempo.

Sogni condivisi, stelle sulla fronte,

L'amore, un'epopea nonostante l'infuriare delle tempeste.

Che questa melodia d'amore possa risuonare nella storia,

Che l'amore in trincea illumini ogni memoria.

In ogni battito di cuore, una saggia resistenza,

L'amore, una forza che trascende l'ombra e l'oltraggio.

Raggi d'infinito

Sotto il cielo a brandelli, l'amore persiste,

Frammenti di eternità nella triste nebbia.

Nel cuore delle trincee, dove il dolore persiste,

L'amore, una fiamma che nulla può eclissare.

Mani che si cercano nell'ombra e nel fango,

Abbracci forti, rifugio nel trambusto.

Sguardi che si intrecciano nonostante le macerie,

L'amore, una fortezza in mezzo alle ombre.
Lettere d'amore, fragili tesori nelle nostre mani,
Parole intessute di speranza nello schianto lontano.
Gli echi del cuore risuonano oltre le barriere,
L'amore, una dolce melodia nonostante le guerre.
Sorrisi scambiati come frammenti di luce,
Frammenti di ottimismo in una guerra amara.
Promesse, stelle cadenti nel buio,
L'amore, una costante che trascende il dovere.
Che queste schegge di eternità risuonino come un'eco,
Che l'amore in trincea sia un eroe gentile.
In ogni battito di cuore, una saggia resistenza,
L'amore, una forza che attraversa ogni pagina.

Rapsodia dell'amore al fronte

Al fronte delle trincee, dove risuona l'angoscia,
L'amore compone una rapsodia nell'oscurità.
Esplosioni di tenerezza, note di carezza,
L'amore, una melodia che sfida la brutalità.
Mani intrecciate, un balletto di resistenza,
Abbracci come baluardi nella tempesta.
Gli sguardi della complicità, fuochi nella notte persistente,
L'amore, una stella che brilla nonostante la dissonanza.
Lettere sconvolte, pagine di emozioni,
Parole come petali nel vento della passione.
Ricordi, tesori nascosti nel cuore,
L'amore, una sinfonia che dura anche nell'orrore.
Sorrisi scambiati, esplosioni di innocenza,
Echi d'amore all'ombra della violenza.
Promesse, stelle scintillanti in mezzo alle avversità,

L'amore, una rapsodia persistente in mezzo alla ferocia.
Che questa rapsodia d'amore possa suonare come una preghiera,
Che l'amore in trincea sia una luce.
In ogni battito di cuore, una saggia resilienza,
L'amore, una forza che trascende ogni tempesta.

Canto d'amore sotto le stelle

Sotto il cielo scintillante si leva un canto d'amore,
Note d'affetto nell'oscurità avvolgente.
Nel cuore delle trincee, dove finisce il caos,
L'amore, una melodia che sfida la prova.
Mani nell'ombra del tormento,
Abbracci confortanti, gesti costanti.
Occhi che si incontrano, stelle nella notte,
L'amore, una bussola che guida in silenzio.
Lettere d'amore, rotoli di verità,
Parole che sfidano le tempeste con dignità.
Ricordi, gioielli conservati nel silenzio,
L'amore, un'eternità nonostante l'assenza.
Sorrisi scambiati, frammenti di luce,
Raggi di speranza nell'amara oscurità.
Promesse sussurrate sotto un cielo scintillante,
L'amore, una costellazione nel caos in marcia.
Che questo cantico d'amore risuoni come una preghiera,
Che l'amore in trincea sia una stella guida.
In ogni battito di cuore, una saggia resistenza,
L'amore, una forza che trascende ogni pagina.

8. L'eredità della guerra

Le cicatrici del tempo

Sotto il peso del cielo, l'eredità prende forma,
Le cicatrici del tempo segnano l'anima clandestina.
L'eredità della guerra, un fardello silenzioso,
Sogni non realizzati, speranze tessute da legami tortuosi.
Le ombre del passato appaiono nei nostri occhi,
Echi di battaglia risuonano nell'oscurità.
L'eredità della guerra, ricordi incatenati,
Le generazioni portano le cicatrici del destino.
Le mani, eredi di gesti intrisi di dolore,
Tessono storie malinconiche nell'ora.
L'eredità della guerra, lacrime nella loro scia,
Aspirazioni incatenate da un destino in ostaggio.
I fiumi mormorano melodie luttuose,
Le conseguenze scorrono in valli famose.
L'eredità della guerra, echi che trafiggono,
Le generazioni navigano sulle acque del pentimento.
Che la luce del futuro tocchi le cicatrici,
Che l'eredità della guerra ceda il passo all'artificio.
In ogni battito di cuore, una ricerca di clemenza,
per spezzare le catene dell'eredità, per offrire una rinascita.

Echi del passato

Nel silenzio risuonano gli echi del passato,
L'eredità della guerra, un'ombra che imprigiona.
Le generazioni future indossano sguardi velati,
I postumi del conflitto, il dolore che si perpetua.
I campi di battaglia, testimoni silenziosi della carneficina,
L'eredità della guerra, un paesaggio tenuto in ostaggio.
Le aspirazioni dei bambini, frammenti in frantumi,
Sogni imprigionati da ricordi tranquillizzanti.
Mani eredi di una storia frammentata,
Lavorano la terra, ma portano con sé un destino.
Eredità di guerra, solchi segnati,
Speranze seminate in un terreno compromesso.
I fiumi sussurrano melodie luttuose,
Le conseguenze della guerra, un dolore che accoglie.
L'eredità della guerra, un'eco persistente,
Le generazioni successive navigano nel tormento.
Che gli echi del passato possano trovare un nuovo percorso,
Che l'eredità della guerra possa diventare una scintilla.
In ogni battito del cuore, una ricerca di remissione,
Per trascendere l'eredità e offrire una nuova missione.

Tela di amarezza

Nell'immagine dell'eredità, ragnatele di amarezza,
Le generazioni future tessono una tela postuma.
L'eredità della guerra, degli orizzonti infranti,
Prospettive oscurate da un passato congelato.
Gli occhi dei bambini riflettono cieli in lutto,
L'eredità della guerra, stelle in bare.
Aspirazioni, uccelli ad ali spiegate,

Sogni abbattuti da venti carichi di rimpianto.
Le mani che forgiano il futuro, pesanti di residui,
Eredità di guerra, catene tessute dall'ignoto.
Orizzonti tracciati in terre devastate,
Speranze scorticate da cicatrici sbiadite.
I fiumi portano le lacrime di generazioni,
Le conseguenze della guerra, ondate di emozioni.
L'eredità della guerra, eco nell'acqua,
Destini scolpiti da argini di caos.
Che le tele dell'amarezza diventino affreschi,
Che l'eredità della guerra lasci il posto agli schizzi.
In ogni battito del cuore, una ricerca di resilienza,
Per sciogliere i nodi dell'eredità, per offrire una rinascita.

Esplosioni di speranza

Sotto il peso dell'eredità, emergono frammenti di speranza,
Le generazioni future convergono in cerca di luce.
L'eredità della guerra, i destini in sospensione,
Prospettive sfidate da una nuova visione.
Gli occhi dei bambini brillano di audacia,
L'eredità della guerra, semi di speranza in superficie.
Aspirazioni, stelle nella notte ricostruita,
I sogni sbocciano, il dolore si diluisce.
Le mani che tessono il futuro, abili e risolute,
Ereditati dalla guerra, costruzioni ingegnose.
Orizzonti ridisegnati con colori vivaci,
Speranze incise, simboli danzanti.
I fiumi portano le promesse del domani,
I postumi della guerra, onde che svaniscono.
L'eredità della guerra, echi di risveglio,

Le generazioni future tracciano un nuovo corso.
Che le esplosioni di speranza inondino la scena,
Che l'eredità della guerra diventi un nuovo gioiello.
In ogni battito del cuore, una ricerca di rinascita,
Per trascendere l'eredità e offrire una nuova possibilità.

Un barlume di alba

All'ombra dell'eredità, sta nascendo un barlume di alba,
Le generazioni future portano con sé un destino divino.
Un'eredità di guerra, echi di una notte lontana,
Le prospettive si aprono per un'alba serena.
Gli occhi dei bambini riflettono un barlume di speranza,
Eredità di guerra, stelle che vegliano nella sera.
Aspirazioni, ali spiegate verso il cielo,
Sogni ricostruiti, nuovo miele.
Mani che costruiscono il futuro, protese verso la pace,
Eredità di guerra, costruzioni di gioia.
Orizzonti ridisegnati con teneri colori,
Speranze coltivate, giardini da espandere.
Fiumi che sussurrano canzoni di redenzione,
L'eredità della guerra, flussi di emancipazione.
L'eredità della guerra, echi che si trasformano,
Le generazioni future forgiano un nuovo ornamento.
Che questo barlume di alba illumini ogni destino,
Che l'eredità della guerra diventi un inno.
In ogni battito di cuore, una ricerca dell'ovvio,
per trascendere l'eredità, per offrire una nuova nascita.

9. Luce nel buio
Frammenti di luce

In mezzo al tumulto, danzano lampi di luce,
Momenti fugaci, stelle in mezzo alla sofferenza.
La guerra stringe il pugno, ma la luce resiste,
barlumi di speranza, perle sulla pista da ballo.
Nell'oscurità delle notti infuocate dai lampi,
Sorrisi scambiati, raggi di luna che brillano.
La tristezza può gridare, ma l'amore persiste,
Frammenti di luce, ombre su cui insiste la gioia.
Mani che si cercano nell'ombra del dolore,
Abbracci delicati, candele nel cuore.
La paura può ruggire, ma la tenerezza resiste,
Esplosioni di luce, scintille persistenti.
Sguardi che si incrociano, stelle nella nebbia,
Promesse sussurrate, lucciole che si accendono.
La guerra può ruggire, ma la speranza persiste,
Esplosioni di luce, bagliori che resistono.
Che ogni lampo di luce risuoni come una preghiera,
Nell'oscurità, la bellezza può essere luce.
In ogni battito di cuore, una saggia resistenza,
Scoppi di luce, note nella carneficina.

L'alba della speranza

Nel buio teatro della guerra, appare un'alba,
Sbocciano bagliori di speranza, bagliori obliqui.
L'oscurità può stendere il suo mantello, ma la luce persiste,
Momenti di brillantezza, morbidezza che resiste.
Negli angoli d'ombra dove la paura attanaglia,
Scorci di complicità, stelle che svaniscono.
La tristezza può aleggiare, ma la tenerezza persiste,
Scorci di umanità, scorci che ci ostiniamo a vedere.
Mani intrecciate nel freddo della notte,
Gesti delicati, candele nell'oblio.
Il dolore può ruggire, ma l'amore persiste,
Scoppi di luce, fuochi che guardiamo.
Gli echi dei fiumi portano mormorii di pace,
Momenti fragili, orizzonti che lasciano il segno.
L'odio può ruggire, ma la compassione persiste,
Frammenti di luce, onde che resistono.
Che ogni alba di speranza sia una dolce melodia,
Nell'oscurità, la luce può essere una sinfonia.
In ogni battito di cuore, una saggia resilienza,
Scintille di luce, stelle nella tempesta.

Bagliore di smeraldo

Sotto il cielo oscurato dalla guerra, un bagliore di smeraldo,
Frammenti di vita emergono, gioielli nella fredda ode.
La violenza può ruggire, ma la gentilezza persiste,
Frammenti di luce, pepite di cui siamo testimoni.
Nei recessi dove le ombre si allungano nel silenzio,
Sguardi scambiati, stelle nell'essenza.
La crudeltà può dilagare, ma la gentilezza persiste,

Riflessi di umanità, sfumature di cui siamo testimoni.
Mani intrecciate nonostante la dura realtà,
Gesti di solidarietà, radici nella chiarezza.
L'odio può ruggire, ma la fratellanza persiste,
Esplosioni di luce, legami di cui siamo testimoni.
Gli echi dei fiumi portano sussurri di riconciliazione,
Momenti di pace, onde di illuminazione.
La rabbia può rimbombare, ma la serenità persiste,
Scoppi di luce, fiumi che osserviamo.
Che ogni bagliore di smeraldo sia una perla preziosa,
Nell'oscurità, la bellezza può essere un'offerta deliziosa.
In ogni battito del cuore, una saggia resistenza,
Frammenti di luce, smeraldi nella tempesta.

Stelle resistenti

In mezzo all'oscurità della guerra, stelle resistenti,
Costellazioni di coraggio, bagliori persistenti.
La notte può stendere il suo velo, ma la luce resiste,
Stelle, eclissi di cui siamo testimoni.
Nei vicoli dove la paura si deposita nel silenzio,
Sorrisi discreti, stelle nella loro essenza.
Il terrore può aleggiare, ma la speranza persiste,
Riflessi di umanità, stelle che possiamo vedere.
Mani che si intrecciano oltre le barriere,
Gesti di unità, stelle nella polvere.
L'odio può rimbombare, ma l'amore persiste,
Stelle che esplodono, costellazioni di cui siamo testimoni.
Gli echi dei fiumi portano storie di resistenza,
Momenti di audacia, onde di perseveranza.
La rabbia può rimbombare, ma la pace persiste,

Frammenti di stelle, coste di cui siamo testimoni.
Che ogni stella resistente sia una storia incisa,
Nell'oscurità, la luce può essere un vicolo.
In ogni battito di cuore, una saggia persistenza,
Stelle, costellazioni nella tempesta.

Alba risorgente

Nel mezzo del tumulto della guerra, un'alba risorgente,
Frammenti di speranza si fanno strada, emergono barlumi.
L'oscurità può diffondersi, ma la luce persiste,
Scoppi d'alba, dolci cose di cui siamo testimoni.
Nei recessi dove le grida della notte si affievoliscono,
Stelle clandestine, luci che si infrangono.
Il terrore può regnare, ma la tranquillità persiste,
Riflessi di umanità, stelle che guardiamo.
Mani che si cercano nel buio fitto,
Frammenti di solidarietà, barlumi di speranza.
L'odio può ruggire, ma l'amore persiste,
Scoppi d'alba, gesti di cui siamo testimoni.
Gli echi dei fiumi portano mormorii di pace,
Momenti di serenità, onde di calma.
La rabbia può ruggire, ma la concordia persiste,
Scoppi di alba, fiumi che guardiamo.
Che ogni alba risorgente sia una promessa rinnovata,
Nell'oscurità, la bellezza possa essere un'ala spiegata.
In ogni battito di cuore, una saggia resilienza,
Scoppi d'alba, barlumi che trascendono la tempesta.

10. Voci di bambini

Voci spente

Nell'eco delle strade devastate dalla guerra,
Le voci dei bambini, morbidi sussurri di luce.
Innocenza perduta, abbracciata da un destino oscuro,
Canti silenziosi di sogni persi nel mattino.
Piccoli soldati in un teatro d'ombre,
I loro occhi, stelle annegate nell'ombra.
Il gioco diventa una danza di dolore,
Le loro risate, eco di un'infanzia in lacrime.
Le voci dei bambini, fragili e tremanti,
Grida soffocate dalla sconcertante brutalità.
I giocattoli sostituiti da armi pesanti,
I sogni svaniscono, una tristezza sorda.
I giochi dei bambini, le strade un tempo piene di risate,
Diventano campi di battaglia dove il destino sospira.
Voci di bambini, grida nel silenzio,
Canti di dolore, sinfonia di innocenza.
Oh, il dramma dei bambini soldato in questo teatro crudele,
Le loro voci mute, un triste addio al cielo.
Che l'umanità ascolti queste voci straziate,
Affinché un giorno i sogni dei bambini possano rinascere.

Canzoni spezzate

Nel cuore delle tenebre, dove l'innocenza è perduta,
Le voci dei bambini, canzoni d'acciaio.
Le loro risate, eco di un'infanzia disarmata,
Nello scontro delle armi, una melodia disarmata.
Piccoli soldati in un balletto di sofferenza,
Voci di bambini, grida d'urgenza.
I loro giochi, ombre nella notte eterna,
L'infanzia svanisce in una furia crudele.
Risuonano i canti spezzati dei bambini soldato,
Tristi melodie, stelle tremanti.
I loro occhi, lampi di luce sbiadita,
Nell'arena della battaglia, un'innocenza abbracciata.
Voci di bambini, sussurri nella nebbia,
Le loro speranze, schegge nella notte che si consuma.
Il gioco delle armi sostituisce le risate del mattino,
In questo dramma infantile, l'innocenza è in cammino.
Oh, il dolore dei bambini soldato, destini vanificati,
Le loro canzoni spezzate, un lamento nell'oscurità.
Lasciate che il mondo ascolti le loro voci ferite,
Affinché un giorno i bambini possano vivere di nuovo.

Coro della speranza svanita

Sotto il cielo squarciato, si levano le voci dei bambini,
Un coro di innocenza, nelle ombre che si chiudono.
Ma la guerra porta via i loro canti, la dolce melodia,
Le risate dei bambini si trasformano in grida d'infamia.
Piccoli soldati, persi in un mondo adulterino,
Le voci dei bambini, eco nel mistero.
I loro occhi, stelle offuscate dalla violenza,

Nel turbine delle armi, una crudele dissonanza.
Canzoni di speranza sbiadite, sussurri indeboliti,
Bambini soldato, sogni infranti nell'oblio.
I loro giochi, ombre nella polvere amara,
L'innocenza, vittima silenziosa ed effimera.
Voci di bambini, grida nella notte deserta,
Candele d'infanzia spente dalla tempesta.
Sogni di un tempo, frammenti in lontananza,
La tragedia dei bambini soldato, una tragedia senza fine.
O coro di speranza spento nell'orrore,
Lasciate che il mondo ascolti queste voci, queste grida.
Perché un giorno l'innocenza possa rinascere,
E i bambini possano riscoprire la tenerezza.

Litania silenziosa

Sotto le stelle che si spengono, riecheggiano le voci dei bambini,
Una litania silenziosa nelle ombre sanguinanti.
Le loro risate riecheggiano nelle strade buie,
Le canzoni dell'infanzia sono state soffocate dalla follia.
Piccoli soldati nel balletto dell'incertezza,
Voci di bambini, mormorii di preoccupazione.
I loro occhi, schegge di innocenza rubata,
Nella danza delle armi, una velata tristezza.
Le lacrime dei bambini, perle sulla sabbia,
Grida mute in questo mondo instabile.
I loro giochi, resti di una gioia scomparsa,
L'innocenza, vittima del tempo passato.
Voci di bambini, sussurri nel vento,
Sogni fuggiti, frammenti di tormento.
Speranze strappate, stelle in pericolo,

La tragedia dei bambini soldato, crudele angoscia.
O silenziosa litania di cuori in pena,
Lasciate che il mondo ascolti queste voci, queste debolezze.
Così che un giorno la pace possa accarezzare,
E i bambini ritroveranno la gioia.

Canzone dell'alba incantata

Sotto il cielo stellato, voci di bambini sussurrano,
Una canzone dell'alba incantata, nel silenzio che permane.
Le loro risate, eco di una perdurante innocenza,
Le melodie dell'infanzia, un'elegante resistenza.
Piccoli soldati, persi nell'ombra della battaglia,
Le voci dei bambini, sussurri in punto di morte.
I loro occhi, stelle in cerca di chiarezza,
Nel buio del conflitto, una luce eterna.
I canti di un'alba incantata, promesse all'orizzonte,
I bambini soldato, sogni in ebollizione.
I loro giochi, esplosioni di gioia nella notte stellata,
L'innocenza, stella eterna, mai velata.
Voci di bambini, mormorii nell'alba,
Le candele dell'infanzia che illuminano ancora il cammino.
I sogni che persistono, stelle nell'angoscia,
La tragedia dei bambini soldato, una ricerca di tenerezza.
Il canto di un'alba incantata nel cuore dei bambini,
Che il mondo ascolti queste canzoni.
Perché un giorno la guerra lasci il posto alla danza,
E che i bambini possano riscoprire la dolcezza dell'infanzia.

11. L'uso della violenza sessuale come metodo di guerra e come strategia di terrore

Ferite sfaccettate

Sotto il velo della notte, echi di dolore,
Le donne dell'Est, una sofferenza che resiste.
Stupri di massa, crimini di una guerra senza cuore,
I loro corpi martoriati e segnati dal terrore.
Lacerate nella carne, ma anche nell'anima,
Una doppia punizione crudele, che lascia uno spiraglio di dramma.
A volte rifiutati, abbandonati dai loro cari,
Il peso della vergogna, un fardello di pianto pesante.
I partner fuggono, le comunità tacciono,
Il loro dolore intimo scivola nel silenzio.
Infettate dal virus, lo stigma di uno stupro brutale,
L'AIDS si insinua, aggiungendo un male fatale.
L'eco risuona nelle valli dell'agonia,
Donne spezzate, ma la loro forza sopravvive.
Nell'oscurità, persiste un barlume di resilienza,
Le voci dei sopravvissuti, che gridano per la liberazione.
Oltre i corpi, la guerra nelle menti,
Ma la resilienza emerge, anche nell'oblio.
Queste donne, portatrici di una forza indomita,
Sollevano la speranza, nonostante il dolore imposto.

Echi di dolore

Sotto il velo dell'orrore, echi di dolore,
Anime ferite, vittime di una guerra senza cuore.
Lo stupro, arma crudele, lacera il tessuto del tempo,
Bambini, donne, neonati, all'ombra del tormento.
Il dottor Mukwege, un medico dal cuore pieno di compassione,
Cura le ferite, offre un barlume di speranza.
Chirurgo dell'anima, nell'oscurità persistente,
Restituisce dignità, combatte la violenza arrogante.
In mezzo alle urla silenziose delle vittime,
Diventa portatore delle loro storie intime.
La sua sala operatoria è un luogo di resistenza silenziosa,
Egli alza una voce preziosa contro l'indifferenza.
Cicatrici incise, testimonianze silenziose,
Egli dà voce alle anime il cui grido è discreto.
Il dottor Mukwege, custode dei sogni infranti,
Il suo impegno, una luce nell'oscurità.
In ogni sutura, un atto di ribellione,
Contro l'ignominia, l'odio e la repressione.
Il suo amore incommensurabile, un'arma pacifica,
Di fronte alla violenza, un baluardo eroico.

L'alba della resilienza

Nella notte degli stupri, un'alba di resilienza,
Donne e bambini spezzati in cerca di salvezza.
Il dottor Mukwege, un faro in un mare di dolore,
Guarisce le ferite, infonde nuova vita nella scena.
Sotto il peso dei silenzi e delle grida soffocate,
Le vittime si alzano in piedi, sfidando la crudeltà.
Il dottor Mukwege, una guida attraverso l'oscurità,

Che ripara le anime e offre nuova chiarezza.
Attraverso i corridoi bui dell'ospedale,
Echi di resilienza, un inno vitale.
Mani giunte, sguardi di determinazione,
Ogni guarigione diventa una rivoluzione.
Il medico, testimone silenzioso dell'indicibile,
Costruisce ponti di speranza in mezzo all'invisibile.
Ogni cicatrice è un segno di coraggio,
Una risposta senza tempo al terrore.
Nel balletto di infermieri e medici,
La sinfonia infinita della guarigione.
Il dottor Mukwege, direttore d'orchestra della remissione,
Compone la musica della resilienza, una missione.

Il giardino dei sopravvissuti

Nel giardino dei sopravvissuti sbocciano fiori fragili,
Sbocciano nonostante i ricordi difficili.
Il dottor Mukwege, giardiniere di una pace meritata,
Semina speranza, nonostante la storia spezzata.
I petali portano le cicatrici del passato,
Ma in ogni bocciolo la forza ha messo radici.
Il dottor Mukwege, architetto di un rinascimento,
Dona alle donne forza e resilienza.
Tra i cespugli della sofferenza e del dolore,
Sbocciano gemme, un rinnovamento senza fine.
Ogni donna è una pepita in questo singolare giardino,
Il dottor Mukwege, guida, riporta la chiarezza alla vita.
Le radici affondano in profondità nella terra,
Simboleggiano la forza interiore che prospera.
Il dottor Mukwege, con ogni gesto, ogni trattamento,

Scrive sulla pelle una poesia d'amore, un dolce ritornello.
I sentieri del giardino, intessuti di speranza e coraggio,
Ogni passo risuona come un messaggio di lavoro.
Il dottor Mukwege, architetto di questo santuario,
Costruisce un monumento alla vita, alla luce.

Grido di ingiustizia

Sotto l'ombra persistente dell'Oriente lacerato,
Il grido dell'ingiustizia, il terrore radicato.
Trent'anni di conflitto, un cupo balletto,
Dove i corpi sono gli attori, in una danza di morte.
Legami economici, fonte di dolore,
Il minerale insanguinato, il seme dell'orrore.
Il Ruanda, protagonista di questa tragedia,
Destabilizzazione, saccheggio, una sinfonia.
Violenza sessuale, un'arma disonorevole,
Metodo di guerra, terrore sconcertante.
Corpi contusi, spiriti spezzati, che gridano al cielo,
L'umanità tradita, in questa valle di postumi.
Le Nazioni Unite, testimoni del dramma scritto,
Violazioni documentate in ogni piega.
Una strategia del terrore, dove l'intimità diventa un campo di battaglia,
La dignità calpestata, all'ombra dello squarcio oscuro.
Che il mondo risuoni di questo grido, di questo urlo,
Che i colpevoli siano giudicati senza pietà.
Che le vittime possano trovare la luce,
Che questo incubo, questa guerra amara finisca.

12. Il silenzio complice della comunità internazionale.

RDC: un genocidio dimenticato

Sotto il cielo stellato del Congo orientale,
Un silenzio pesante, pesante, oscuro e gelido.
Un genocidio spietato, che grida al mondo,
Ma il mondo, indifferente, resta a guardare.
La terra piange le anime perdute,
Il sangue degli innocenti, la terra lo assorbe commossa.
Ma nei corridoi del potere internazionale.
Il silenzio regna come un triste coro.
I rapporti si accumulano, freddi e accusatori,
Testimonianze toccanti, ma inascoltate.
La cosiddetta comunità guarda altrove,
Sembra essersi abituata al genocidio silenzioso.
Grida di dolore, ululati ignorati,
Il Congo orientale, in lutto, è lasciato nell'ombra.
La diplomazia serve una retorica vuota,
Mentre il dolore persiste, sempre più avido.
Le montagne risuonano di un silenzio colpevole,
I fiumi mormorano leggende indomite.
Ma la comunità internazionale, con il suo silenzio complice,
Nasconde il genocidio nella sua storia artificiale.
Cosa si può dire delle vite perse, delle famiglie distrutte?
Il silenzio persiste, l'ingiustizia si consolida.

Il genocidio a est si estende nell'ombra,
Sotto il peso del silenzio, il grande Congo piange.

Echi di silenzio

Sotto il mantello del mondo, l'eco di un silenzio pesante,
Nel Congo orientale, grida ignorate nel momento.
La comunità internazionale, bendata,
Diventa complice di una tragedia senza chiarezza.
I rapporti delle Nazioni Unite denunciano le ombre del Ruanda,
Il sostegno all'M23, una saga oscura.
Due pesi e due misure, aiuti selettivi in scena,
Ucraina applaudita, Congo in sofferenza.
Sotto il mantello del mondo, il silenzio estende il suo regno,
Dove l'incuria danza, la tragedia è la sua compagna.
Le grida del Congo orientale si perdono nell'oblio,
La comunità internazionale, indifferente, si ritira.
I fili dell'indifferenza tessono una rete oscura,
Le vite dei congolesi sono merce di scambio nell'ombra.
I rapporti delle Nazioni Unite denunciano, ma il mondo si gira dall'altra parte,
Cecità collettiva, dove ogni silenzio risuona.

Le stagioni del disinteresse

Le stagioni cambiano, ma il disinteresse persiste,
Nel Congo orientale, dove l'innocenza resiste.
La comunità internazionale è un fantoccio muto,
Sotto il peso di interessi e alleanze segrete.
L'Ucraina, una tragedia globale sotto gli occhi di tutti,
Mentre il Congo è dimenticato nell'ombra.

I rapporti delle Nazioni Unite, come grida nel deserto,
Il doppio standard, una triste realtà in concerto.
Le stagioni cambiano, il disinteresse persiste,
Le vite dei congolesi, moneta insignificante nella lista.
La marionetta internazionale danza sul palco,
Il Congo, un'ombra trascurata, una triste scena.
Interessi oscuri dettano legge, il doppio standard trionfa,
L'Ucraina alla ribalta, il Congo nell'ombra.
I rapporti delle Nazioni Unite testimoniano, ma le voci sono soffocate,
Una cecità persistente, dove ogni silenzio soffoca.

Mascherata diplomatica

Sulla scena mondiale, una farsa diplomatica,
L'indifferenza politica nel Congo orientale.
La comunità internazionale, un finto attore,
Ruanda, l'M23, nell'ombra, un lamento.
Ucraina, la scena degli aiuti dichiarati,
Congo, una tragedia ignorata dietro le quinte.
I rapporti delle Nazioni Unite, pagine sfogliate senza emozione,
Due pesi e due misure, una legge tragica.
Sul palcoscenico del mondo va in scena una mascherata,
L'indifferenza mascherata da diplomazia ci inchioda.
La comunità internazionale, un attore finto,
Il Ruanda, l'M23, una tragedia che si abbraccia.
La persistente negligenza, il doppio standard persiste,
Ucraina alla luce, Congo nella triste nebbia.
Rapporti ONU, pagine di storia cancellate,
Cecità diplomatica, tragedia prolungata.

Ipocrisia internazionale

Sotto il cielo stellato della finta diplomazia,
L'Unione Europea, nel suo ruolo ombroso.
Memorandum d'intesa, firmato con calcolato cinismo,
I minerali dei conflitti elogiati dall'UE.
Le cosiddette catene del valore "sostenibili" e "resilienti",
Una farsa, una maschera, una facciata impotente.
Materie prime, in realtà, macchiate di sangue,
L'UE si lava le mani del commercio illegale.
Al centro del conflitto congolese, un gioco economico,
30 anni di dolore, un dramma sistemico.
L'innegabile legame tra minerali e guerra,
L'UE, complice silenziosa, permette alla miseria di prosperare.
L'est della RDC è la scena di un'eterna tragedia,
più letale della stessa guerra mondiale.
Il Ruanda, un attore chiave in questo macabro scenario,
L'accordo dell'UE è velato ed evasivo.
Lo sfruttamento delle risorse, una tragedia familiare,
La violenza sessuale e il terrore sono una nuda realtà.
L'UE chiude un occhio su due pesi e due misure,
Sotto il peso dell'ipocrisia, il mondo tace, vergognandosi.

13. Il paradosso della RDC: ricca e povera!

La maledizione della ricchezza

Sotto il cielo della RDC, la terra offre i suoi tesori,
Un paradosso crudele, una maledizione senza rimorsi.
Minerali preziosi, foreste lussureggianti sotto il cielo,
Ma la ricchezza si trasforma in un peso mortale.
Il suolo abbonda di diamanti e dell'ambito coltan,
Eppure la miseria persiste, le speranze sono calpestate.
Il paradosso dell'abbondanza, una rete oscura tessuta,
La ricchezza diventa una catena, la povertà oppressa.
L'avidità straniera infuria come una tempesta,
I vicini, le multinazionali, desiderosi di conquistare.
Il suolo fertile, il sottosuolo ricco di tesori nascosti,
Tutti attirano la voracità, lasciando il Paese a pezzi.
Guerre continue, conflitti incessanti,
I frutti del suolo diventano i mali del presente.
La maledizione delle risorse, un fardello intricato,
La RDC sanguina, esausta, sotto un cielo stellato.

I lamenti della terra congolese

La terra congolese, un poema geologico cantato,
Ma le strofe rivelano un triste lamento.

Minerali preziosi, ricchezze sepolte sotto la crosta,
Eppure la prosperità rimane una dolce utopia.
Oro, coltan, diamanti, tesori ambiti,
Cadono in mani avide e in destini tormentati.
Il paradosso dell'abbondanza, una sinistra ironia,
La ricchezza è il male, una sinistra maledizione.
La terra che dovrebbe essere la culla dell'abbondanza,
È diventata la scena di una triste danza.
Confini strappati, avvoltoi in volo,
La ricchezza diventa catene, catene.
Le multinazionali si nutrono di un appetito insaziabile,
I vicini affilano gli artigli, una ricerca spietata.
La terra geme, le sue lacrime fertilizzano il suolo,
Il paradosso persiste, una triste storia immortale.

La tragica eredità del sottosuolo congolese

Sotto il manto del suolo congolese si consuma il dramma,
Ricchezze sepolte, ma il dolore cresce.
Il sottosuolo, un tesoro maledetto, incatena il destino,
Fiumi di ricchezza scorrono, ma la miseria persiste.
Il paradosso dell'abbondanza, destino crudele,
Le risorse dovrebbero essere benedette, ma la realtà è strana.
Oro, rame, gioielli radicati nella terra,
Ma il popolo congolese porta il peso della miseria.
Si tracciano confini, si fanno guerre,
La ricchezza diventa la ragione di battaglie e perdite.
Gli avvoltoi stranieri si librano nei cieli,
Le ricchezze del sottosuolo alimentano un oscuro rituale.
Le multinazionali saccheggiano, i potenti si arricchiscono,
Il paradosso persiste, il Paese si prosciuga.

Il suolo geme sotto il peso della sua tragica eredità,
La RDC, prigioniera di un miraggio di ricchezza.

Il sangue dei bambini nel Silicio moderno

Nelle profondità della terra congolese scendono bambini innocenti,
Guidati dall'ombra della necessità, si sdraiano nelle miniere.
Il coltan, un tesoro oscuro, ambito per i nostri schermi luminosi,
Ma la sua estrazione è macchiata dal sangue di sogni preziosi.
I telefoni brillano, i computer illuminano la nostra epoca,
Ma dietro questi schermi l'innocenza scompare nella polvere.
Bambini, piccoli minatori, il futuro nelle loro mani,
Ma le catene del coltan li tengono in un destino oscuro.
Il paradosso moderno, la tecnologia con il suo stigma,
Ogni chiamata, ogni messaggio, si tinge del sangue che racconta.
Le grida soffocate dei bambini nelle profondità della miniera,
Riecheggiano nel silenzio, una sinfonia sinistra, una morsa sorda.
Il coltan, il minerale maledetto, macchia il nostro brillante progresso,
Bambini fragili, eroi inconsapevoli di queste miniere scintillanti.
Sotto le nostre dita, il sangue dei bambini impregna lo schermo,
La tecnologia moderna, un riflesso oscuro del nostro impeto.
Il bagliore degli schermi maschera l'oscurità delle caverne,
Dove i bambini, senza luce, estraggono il coltan, dolore interiore.
Il progresso moderno, una triste ombra sulla terra africana,
Il sangue dei bambini congolesi, una macchia indelebile sulla catena.

Il fardello congolese

Sotto il cielo livido del Congo, la maledizione persiste,
Le risorse abbondano, ma la pace è sfuggente.
L'M23 riemerge, danza con l'esercito ruandese,
Una guerra di aggressione, un'agonia congolese.
L'Unione Europea, nella sua ricerca economica,
Rafforza i suoi legami in un cinico partenariato.

Contraddizioni flagranti, coerenza scossa,
Diritti umani calpestati, l'UE si nasconde nel disconoscimento.
Premio Sakharov, un appello alla dignità,
Ma la politica persiste, in tutta la sua assurdità.
Obbligo di diligenza, un regolamento trascurato,
Catene di approvvigionamento, un gioco orchestrato di sciocchi.
La transizione verde, un sogno macchiato di rosso,
Il sangue dei congolesi, natura in diluvio.
Donne e bambini, vittime sacrificali,
La terra è saccheggiata per interessi stranieri.
Il Congo, un ricco gioiello, una fonte di dolore,
Altre nazioni se ne nutrono, il popolo fatica.
Cittadini che amano la pace, la giustizia e la speranza,
Ascoltate l'appello, cambiate la rotta, l'ora è buia.
Nelle future elezioni, il potere della scelta,
Spezzate le catene, ridate al Congo la sua voce.
Che la maledizione delle risorse sia cancellata,
E che il popolo congolese possa riconquistare il proprio posto.

CONCLUSIONE

Alla fine di questo viaggio poetico, mentre ogni pagina gira come una foglia portata dal vento, ci troviamo di fronte all'orizzonte di questi "Echi dall'Est della Repubblica Democratica del Congo". Queste poesie, come costellazioni di emozioni, si dispiegano davanti ai nostri occhi come un firmamento di storie intrecciate, dove le stelle brillano sia di tristezza che di speranza.

Alla fine di questo viaggio, è impossibile ignorare le cicatrici visibili e invisibili che segnano questa terra in perenne guerra. Ogni poesia, ogni riga, è un coraggioso tentativo di dare voce all'indicibile, di rendere omaggio alla resilienza delle anime che persistono nonostante l'oscurità che le circonda.

Come le ultime note di una melodia in dissolvenza, questa raccolta volge al termine, ma gli echi rimangono. "Il paradosso della RDC: ricca e povera" riecheggia nei nostri pensieri, invitandoci a riflettere sulle contraddizioni e sulle sfide durature di questa terra ricca di risorse ma impoverita dalla guerra.

Che questa conclusione sia il punto di partenza per una riflessione continua, una crescente consapevolezza e un'azione positiva. Che le poesie che sono risuonate in queste pagine non siano semplicemente parole su carta, ma chiamate all'azione, inviti alla solidarietà e grida di pace.

Che queste poesie siano come semi piantati nel giardino della coscienza collettiva, che germogliano lentamente per sbocciare in un futuro in cui gli echi della guerra saranno soffocati dal mormorio rilassante della pace. Che questi versi siano lanterne che guidano il nostro cammino verso un futuro in cui l'est della Repubblica Democratica del Congo possa finalmente godere della pace che merita.

Nel chiudere questa raccolta, non dimentichiamo che ogni lettore porta con sé una parte di questa terra martoriata. Che l'empatia nata da queste poesie possa trasformarsi in azioni concrete, trasformando l'eco delle parole in un cambiamento tangibile.

Che l'ultima pagina di questa raccolta non sia la fine, ma l'inizio di un rinnovato impegno per la compassione, la giustizia e la costruzione di un futuro in cui la poesia racconti una storia diversa, una storia di ricostruzione e resilienza.

Don't miss out!

Visit the website below and you can sign up to receive emails whenever Marien-Edgard Ngbali BEMI publishes a new book. There's no charge and no obligation.

https://books2read.com/r/B-A-AYAEB-IZBBD

BOOKS2READ

Connecting independent readers to independent writers.

Did you love *Echi dall'est della Repubblica Democratica del Congo: poesie da una terra di guerra perpetua.*? Then you should read *DE L'ÉTAT DE NATURE À L'ÉTAT DE SOCIÉTÉ Problématisation de la dialectique civilisatrice dans le "Discours sur l'origine et les fondements de l'inégalité parmi les hommes" de Jean-Jacques Rousseau.*[1] by Marien-Edgard Ngbali BEMI!

[2]

Plongez-vous dans l'univers captivant de "DE L'ÉTAT DE NATURE À L'ÉTAT DE SOCIÉTÉ", une exploration profonde de la pensée de Jean-Jacques Rousseau à travers son célèbre "Discours sur l'origine et les fondements de l'inégalité parmi les hommes". Découvrez les méandres de la dialectique civilisatrice, du paradis perdu de l'état de nature aux tumultes de la société.

---

1. https://books2read.com/u/3k9VVO

2. https://books2read.com/u/3k9VVO

Suivez Rousseau dans sa retraite méditative dans la forêt de Saint-Germain, où il trace fièrement l'histoire des premiers temps. Plongez-vous dans son analyse subtile des petits mensonges humains, de la déformation du naturel, et de la prétendue perfection qui devient la source des maux de l'humanité.

Le livre expose une critique sociale et politique profonde, passant de la dégradation des mœurs dans le "Discours sur les sciences et les arts" à la problématisation de l'inégalité dans le "Discours sur l'origine et les fondements de l'inégalité parmi les hommes". L'auteur nous guide à travers la construction de la pensée rousseauiste, de son anthropologie à son éthique, tout en explorant les concepts clés tels que l'état de nature, la dialectique civilisatrice, et le vrai contrat social.

Le plaidoyer pour une société légitime et juste résonne à travers les pages, invitant le lecteur à repenser les normes économiques, à explorer des alternatives équitables et à réévaluer les fondements des sociétés modernes.

Cette œuvre propose une réflexion actuelle et pertinente sur les inégalités contemporaines, offrant une vision stimulante et inspirante pour ceux qui cherchent à comprendre et à transformer notre monde. Plongez dans ce voyage intellectuel, revisitez Rousseau et percevez la pertinence de sa pensée dans notre société d'aujourd'hui. Achetez votre exemplaire dès maintenant pour une exploration enrichissante de la philosophie de l'inégalité.

Also by Marien-Edgard Ngbali BEMI

Échos de l'Est de la République Démocratique du Congo : Poèmes
d'une Terre en Guerre Perpétuelle.
Ecos do Leste da República Democrática do Congo: Poemas de uma
Terra de Guerra Perpétua.
Echi dall'est della Repubblica Democratica del Congo: poesie da una
terra di guerra perpetua.

About the Author

Marien-Edgard Ngbali BEMI è insegnante di francese e coordinatore della teoria della conoscenza presso la British International School Istanbul in Turchia. Ha insegnato varie materie scolastiche in diversi Paesi: Repubblica Democratica del Congo, Regno Unito e Turchia. Ha studiato nella Repubblica Democratica del Congo, in Italia e nel Regno Unito. Poliglotta e parlante diverse lingue, ha conseguito diversi titoli universitari, tra cui una laurea in teologia e un doppio master in filosofia ed educazione. È anche autore di diversi articoli e libri.